Bienvenue en Caverne Préhistorique

Dessine-moi un mammouth !

Une série de Pascal Brissy,
illustrée par Yannick Robert.

Hatier
jeunesse

L’école de Tam-Tam et Lili
est une caverne…
Une Caverne Préhistorique !
Bienvenue en CP !

BIENVENUE
EN
CP

Ce matin, la maîtresse dit :
– Nous allons faire du dessin !
Petit-Mammouth servira de modèle !

Tam-Tam et Lili sont contents.
Tête-de-Lard, le cousin
de Tam-Tam, un peu moins.

Prenez vos ardoises et vos craies !

Dehors, Tam-Tam sort son ardoise
et sa craie. Il dit :
– Je vais lui dessiner des défenses !
– Et moi, des fleurs sur la tête ! sourit Lili.

Mais Tête-de-Lard, lui, continue de râler :

Il approche sur la pointe des pieds et...

SPLOUTCH !

Il éclabousse le travail des copains !

Mais Petit-Mammouth n'aime pas qu'on embête ses amis : **SPLATCH !** L'arroseur est aussitôt arrosé.

Soudain, un bruit retentit derrière Tête-de-Lard...

GRRR ! C'est le tigre à dents de sabre !

L’animal s’élance, toutes dents dehors. Heureusement, Tête-de-Lard s’enfuit à temps. Il fonce vers la caverne. Mais le tigre n’abandonne pas si facilement. Ce menu a l’air bien dodu : **Miam !**

Au secours !

Vite, Tête-de-Lard cherche un endroit où se cacher.

Trop tard ! Le tigre l'a repéré !

Son repas a collé des traces de mains un peu partout sur les murs : **GRRR !** Il lui suffit de les suivre pour le croq…

– Pas si vite ! s'écrient en chœur Tam-Tam et Lili.

Les enfants sont perchés sur le dos
de Petit-Mammouth.
Il charge tête baissée : **Bim !**
Le tigre voltige plusieurs fois dans les airs !
Bim ! Bim ! Jusqu'à retomber très loin
dans la rivière.

Mais !? Que fait donc Tête-de-Lard ?

Ha ! Ha ! Il dessine sur un mur les héros de sa journée !

– C'est très réussi ! le remercient Tam-Tam et Lili.

De retour dans la caverne, la classe de CP invente une nouvelle chanson.
« Il était un gros méchant tigre,
qui ne savait pas… pas…
qui ne savait pas, pas du tout nager !
Ohé ! Ohé ! »

J’observe

Sauras-tu retrouver les sept différences entre les deux dessins ?

Solutions des jeux p. 32.

Je comprends

As-tu bien lu l'histoire ?
Remets les images dans l'ordre.

A

B

C

D

E

Je mémorise

Regarde cette image pendant 30 secondes.
Puis cache-la et réponds aux questions plus bas.

A Qui saute dans l'eau ?

B Combien de personnages y a-t-il dans l'image ?

C Y a-t-il un dessin sur l'ardoise de Lili ?

Solutions des jeux p. 32.

Solutions

J'observe (p. 28-29)

Je comprends (p. 30)
C / E / B / A / D

Je mémorise (p. 31)
A. Tête-de-Lard
B. 3
C. Oui, c'est Petit-Mammouth.

Suivi éditorial : Maya Saenz-Arnaud
Création graphique et mise en pages : Graphicat

ISBN : 978-2-401-06208-5
ISSN : 2497-0166

Achevé d'imprimer en France par Clerc à Saint-Amand Montrond
Dépôt légal : 06208-5/01 - septembre 2020